AF233897

# PROJET

## DE VOYAGE COMMERCIAL

### DU

# CONGO A LA MÉDITERRANÉE

## PAR LE TCHAD ET SES AFFLUENTS

SOUMIS A LA SOCIÉTÉ D'ÉCONOMIE POLITIQUE
INDUSTRIELLE ET COMMERCIALE

PAR

## FERDINAND DE BÉHAGLE

Du cadre des administrateurs des communes indigènes d'Algérie
Capitaine au long cours
Voyageur aux Andes péruviennes,
Au détroit de Magellan, Aux Terres Adélaïdes,
Au Chari, Logone et Bénoué

———— ·◦· ————

## PARIS

LECÈNE, OUDIN ET Cⁱᵉ, ÉDITEURS

15, RUE DE CLUSY, 15

—

1893

# PROJET

## DE VOYAGE COMMERCIAL

### DU

# CONGO A LA MÉDITERRANÉE

## PAR LE TCHAD ET SES AFFLUENTS

SOUMIS A LA SOCIÉTÉ D'ÉCONOMIE POLITIQUE
INDUSTRIELLE ET COMMERCIALE

PAR

## FERDINAND DE BÉHAGLE

Du cadre des administrateurs des communes indigènes d'Algérie
Capitaine au long cours
Voyageur aux Andes péruviennes,
Au détroit de Magellan, Aux Terres Adélaïdes,
Au Chari, Logone et Bénoué

———•◦•———

## PARIS

LECÈNE, OUDIN ET Cⁱᵉ, ÉDITEURS

15, RUE DE CLUNY, 15

—

1893

# PROJET DE VOYAGE

# DU CONGO A LA MÉDITERRANÉE

## PAR LE TCHAD ET SES AFFLUENTS

## MON BUT.

Prouver qu'une tonne de marchandise peut, même à l'heure actuelle, être prise sur la ligne de partage des eaux des bassins du Congo et du Tchad et amenée à la Méditerranée à meilleur compte qu'à l'Océan.

## CONSÉQUENCES.

Le chemin de fer de la côte occidentale d'Afrique au Stanley-Pool, point terminus de la navigation fluviale du Congo, n'est qu'une entreprise d'intérêt Congolais et non Soudanien.

L'Algérie reste donc seule la véritable base sur laquelle viendra s'appuyer tout le commerce du bassin central de l'Afrique.

## MES MOYENS.

1° Fonder sur la Chari, au point de rencontre de ce fleuve et du Gouroungou, un poste commercial destiné à entrer en relation avec les fétichistes des alentours et la Zeriba musulmane de Ngari.

2° Mettre sur le fleuve un bateau à vapeur destiné à fouiller les grandes artères Chari et Logone, très vraisemblablement navigables en toute saison, et leurs affluents qui pendant plusieurs mois de l'année peuvent permettre de pénétrer très avant vers le Dar Ghounah et les Ouadaï.

3° Entrer en relations pacifiques avec toutes les agglomérations importantes, y faire des achats d'ivoire, de métaux précieux, de gutta-percha ; y promettre des achats subséquents.

4° Traiter avec le Baghirmi, le Bornou et, si possible, avec le Ouadaï.

5° Ramener vers la Méditérranée, mais plutôt vers Biskra, les marchandises recueillies.

---

## DÉVELOPPEMENT.

1° Ce point de rencontre des deux rivières Gouroungou et Chari est situé dans la tribu des Aouaka Aconga, à environ 250 kilomètres de l'Oubanghi et à moins de 180 du dernier point que les pirogues de cette rivière puissent atteindre, Gouo, sur la Toumi, affluent de la Kemo.

Il est situé dans un pays riche en ivoire, en caoutchouc, en gommes et en gutta-percha.

L'argent et un métal blanc, qui semble être un alliage d'argent, s'y rencontrent, ainsi que le cuivre et l'étain. Le pays est habité par une population douce, très chassée par les musulmans et qui verrait avec bonheur une installation d'Européens se faire chez elle.

C'est le point où le Gribingui ou Chari se redresse au nord. Les caravanes des musulmans y viennent fréquemment chercher passage et Ngari, Zériba d'Ali Djaba, est à 5 jours de marche, moins de 100 kilomètres sans doute.

Le pays est sain. Un poste commandé par un Européen pourra être installé sur la colline ferrugineuse qui domine les deux vallées. Il sera défendu de trois côtés par les rivières et appuyé sur la 4° face par les villages Aouakas.

Le lieu offre donc de grands avantages. Le poste sera trop éloigné de la Zériba pour lui porter ombrage, et assez près cependant pour avoir avec elle des relations suivies.

Ngari paraît dépendre du Dar Ghounah. Ali Djaba a été voir Crampel à Elkouti. C'est lui qui semble avoir été l'un des principaux auteurs du meurtre de Biskarat.

Il faudra donc, dans les relations à établir avec lui, déployer beaucoup de prudence et de fermeté. — Nous ne pouvons analyser les sentiments qui l'ont poussé à faire cause commune avec les ennemis de Crampel.

Ce drame sinistre est toujours voilé de mystère ; et cette malheureuse expédition contenait tant de germes de ruine qu'on ne peut conclure de son anéantissement à l'impossibilité de renouer avec les musulmans du pays.

Le commerce de Ngari s'étend fort loin chez les Ngama, icthiophages, vivant dans leurs pirogues loin de la rivière, dans des marais sans doute, ou sur un affluent encore inconnu du Gribingui. Ce sont les musulmans de Ngari qui très probablement vont jusqu'à la Kemo, l'Ombella et l'Oubangui, où le nom d'Ali Djaba était connu.

Mais ils semblent ne s'étendre que fort peu dans l'ouest vers le pays des Sara, et déjà Madjo Tezzé est plutôt en relations avec le Baghirmi. Les Saras de Daï ne reçoivent jamais la visite des commerçants de Ngari ou du Dar Ghounah.

2° Le Gribingui est-il le bras principal du Chari ? Le Ba Mingui, son affluent de droite, n'a pas été reconnu, et les renseignements contradictoires recueillis à son sujet ne me permettent pas d'attribuer un volume d'eau plus considérable à l'une qu'à l'autre de ces rivières.

Le Ba Mingui sort des monts de Banda. Le développement de son cours paraît donc être plus grand que celui du Gribingui dont nous connaissons le cours supérieur, le Gourié. Il est donc permis de supposer à la première rivière un volume d'eau plus considérable qu'à la dernière.

Or nous savons, à n'en pas douter, que le Gribingui roule pendant presque toute l'année des eaux profondes de plusieurs mètres. Même à la saison sèche, si j'en crois les renseignements indigènes, il ne saurait être traversé à gué. La coupe transversale du fleuve, que j'ai obtenue en rapportant des sondages exécutés de 3 en 3 mètres, semble confirmer ce renseignement.

Le Logone, quand nous l'avons traversé, avait encore, un mois après la baisse des eaux, 310 m. de large sur 12 de profondeur maximum. — Il n'est donc pas téméraire de dire que ce fleuve est navigable en toute saison jusque vers le 16ᵉ degré. — Il a des affluents profonds, tels que le Ba Tena, que nous dûmes, par suite de la hauteur des eaux, traverser en bateau en fin novembre.

Tous ces cours d'eau s'épanchent vers le lac à travers des plaines très unies, formées par des couches d'alluvions silico-argileuses.

Ces dépôts sont tellement épais que le roc ne saille nulle part à la surface du sol. On peut en conclure que ces rivières ne sont pas coupées de rapides.

Les eaux dans ces plaines se sont frayé de nombreux passages qui forment par moment comme d'immenses rivières aux cours divergents et bizarres.

Ces rivières capricieuses et momentanées atteignent des profondeurs énormes aux hautes eaux. Peut-être réserventelles des surprises agréables à la navigation.

Le Ba Mingui pénètre dans le sud du Dar Ghounah, traversé par l'Aouakadébbé.

Le Ba Irr Bahar-Es-Salamat pénètre dans le Ouadaï.

Le lac de Tchad conserve lui-même des profondeurs de 6 m. à la saison sèche ; et si ses côtes sud sont très basses, les côtes nord sont accores et permettent en toute saison l'accostage des navires dans des rades sûres et faciles.

Ainsi du point de départ sur le Gribingui dans la tribu des Aouakas, un bateau à vapeur pourrait gagner le Tchad, le Bornou, le Ouadaï, le Bahar Erghazal si inconnu, le Baghirmi, le Logone, circuler dans les affluents de ces fleuves, atteindre presque le Dar Four par le nord et le sud du Dar Ghounah ; remonter le Logone et ses affluents jusque tout près de Ngaoundere, et pénétrer dans la région du Toufouri, si riche en ivoire et en gutta-percha.

3° L'ère des aventures est passée, l'exploration doit aujour-
d'hui être pacifique et commerciale ou ne pas se faire. Tous
ces pays du centre demandent la paix et le commerce. Le
fanatisme religieux n'existe pas : l'islamisme n'a pas eu sur
ces intelligences de noirs l'influence mystique qu'il a exercée
sur les populations asiatiques blanches ou jaunes. Ici le
musulman fait bien assez régulièrement sa prière, mais son
culte principal est celui de la brasse d'étoffe, le commerce,
l'argent.

C'est donc sous ces auspices qu'il faut se présenter à lui. —
Un voyage de démonstration arrivera, j'en suis persuadé, à
prouver que ces peuples nous permettront aisément non
seulement de passer, mais de nous installer chez eux.

Il faudra profiter immédiatement de ces bonnes disposi-
tions, jalonner la route de postes commerciaux qui vivront
uniquement d'affaires, hors des compétitions politiques et
sous les lois du pays.

L'erreur des Anglais du Niger est de vouloir s'immiscer
trop hâtivement dans les affaires locales.

Les lois indigènes ne sont pas parfaites sans doute, mais
elles sont adaptées au milieu pour lequel elles sont faites et,
par conséquent, préférables aux nôtres, qui sont la codifica-
tion d'une civilisation beaucoup plus avancée. A mesure
que le développement du commerce modifiera la situation
économique du pays, les lois se perfectionneront d'elles-mêmes
pour la garantie des intérêts nouveaux. Le rôle de l'Européen est de provoquer cette amélioration par la diffusion
du commerce — et non pas de chercher l'amélioration de sa
situation commerciale par le perfectionnement des lois.

Ne pas heurter l'ordre établi est la meilleure des politiques.
Faisons-nous admettre d'abord, groupons autour de nous
tous les intérêts commerciaux, et nous aurons bientôt dans
le pays une situation prépondérante.

Le vapeur pénétrera donc partout. Il sera partout admis.
On refuse l'entrée à une caravane que le besoin de conti-
nuels ravitaillements contraint à d'excessifs ménagements

envers la population, ou à des coups de force. Le vapeur, lui, passe. Il surprend, il effraie, il semble inattaquable et peut se passer de tout concours. Le jour il marche, la nuit il fait son bois, hors des attaques et des surprises.

Pour être admis partout, il suffit d'avoir des guides indigènes, nous en avons eu la preuve.

J'en pourrai recruter, pendant le temps du montage du vapeur, parmi les marchands d'esclaves qui circulent chez les Aouakas. C'est une question d'argent et de doigté. Venant sans appareil militaire, avec un but commercial nettement établi, je serai facilement accueilli. La lourde et terrifiante colonne de Maistre avec ses deux cents fusils a circulé librement et commercé avantageusement partout où elle a eu des guides indigènes musulmans.

Partout, en faisant des achats, j'annoncerai la prochaine arrivée de marchands blancs et j'essaierai d'obtenir pour eux, au moins en principe, la cession d'un terrain pour l'installation d'un poste sérieux.

4° Avec le Logone et le Baghirmi, il est permis d'espérer arriver à passer des traités d'une valeur réelle.

Ces régions prises entre le Lac de Tchad, le Bornou et le Ouadaï ne reçoivent des marchandises européennes que le rebut de la consommation de leurs puissants voisins qui arrêtent complètement l'importation des armes à feu.

Le Baghirmi n'est point indépendant. comme Clozel l'a écrit et comme M. de Maistre l'a signé d'après les théories de mon camarade.

L'ancien sultan de ce pays, Mohammed Abou Sekkin, a fini par conclure avec son puissant ennemi une paix peu glorieuse. Il a livré ses fils en otage et à sa mort le Ouadaï l'a remplacé sur le trône, non par son héritier, mais par son très jeune frère.

La supériorité du Ouadaï vient surtout de son armement. Ce pays reçoit des armes par la Tripolitaine et l'Egypte. Le Baghirmi n'en a presque pas. Il verra donc avec bonheur les Européens lui apporter toutes les marchandises qui lui manquent et dont il aura par notre intermédiaire l'espérance de s'approvisionner facilement. Il y a dans cette situation la base d'une entente.

Le Logone est vis-à-vis du Bornou dans la même position que le Baghirmi vis-à-vis du Ouadaï.

Au Bornou, le commerce anglais menace d'une concurrence sans compensation les caravanes de Tripoli. C'est une situation dont il faudra savoir profiter. L'élément Touareg a déjà une grande influence à Kouka ; il faudra s'attacher à balancer par lui l'influence arabe de Tripoli, toujours hostile aux entreprises européennes. Le moment est favorable.

L'introduction par le Niger du sel anglais dans le Soudan central porte un coup terrible au commerce de sel saharien et à l'industrie des transports exercée par les Touaregs. Il s'agira de bien faire comprendre à ceux-ci que notre commerce va relever et même développer leur industrie. Il faut procéder lentement, sans hâte, obtenir d'abord, si possible, au nord du Lac l'autorisation d'installer un dépôt de marchandises, y accumuler tous les achats faits au cours de l'exploration des fleuves et organiser de là une première caravane vers le nord.

La situation politique du Ouadaï est mal connue.

Les ignorants croient pouvoir pénétrer dans ce pays sans difficulté, les autres le supposent au contraire très fermé aux Européens. Crampel voulait y parvenir ; certains de mes compagnons de voyage le déclarent très inféodé aux Snoussiens et hostiles à notre commerce.

Rien ne me paraît motiver cet excès de confiance ou d'appréhension.

Si plusieurs voyageurs allemands ont été tués au Ouadaï, Nachtigal après eux y a circulé librement.

Si Crampel a été tué à El Kouti, il était appelé plus loin par le Sultan du Ouadaï lui-même.

En principe, je crois l'accès des pays musulmans plus facile par le Sud que par le Nord.

Si la faim n'avait poussé le personnel de Crampel à déserter, si Ischekkhad n'avait trahi son excessive confiance, si notre jeune compatriote n'avait été réduit par la maladie, si enfin il avait eu près de lui, à la place de Saïd qui passait pour un mulsuman converti au christianisme, un Européen connaissant l'arabe et l'islamisme, je crois qu'il eût réussi.

Que les Snoussiens aient des affiliés au Ouadaï, c'est possible, mais ce pays est éloigné de la maison-mère de la secte ; les Mokkadem ont dès lors plus de liberté.

Dans ces régions, on vit comme au x⁰ siècle en Europe : c'est la même organisation politique ; l'avancement intellectuel est même très en arrière sur cette époque Il n'y a au Soudan ni ces puissantes maisons religieuses gardiennes des trésors littéraires et scientifiques des civilisations anciennes, ni ces savants, ni ces artistes auxquels on doit encore tant de chefs-d'œuvre, témoins impérissables d'un développement intellectuel puissant.

Toute la science consiste dans l'art de la lecture et l'interprétation de quelques livres religieux. Elle est tout entière aux mains de quelques rares hommes savants, généralement étrangers au Ouadaï.

Quand, au moyen âge, les maisons éloignées du berceau de leur Ordre religieux se relâchaient si facilement de la discipline imposée par le fondateur, comment supposer qu'il n'en est pas ainsi au Ouadaï ?

A côté de la règle et luttant contre elle, se dressent les intérêts particuliers de chaque chef religieux : la nature humaine est faible partout, et le Soudanais musulman est fort avide.

Je crois donc que la discipline des sectes religieuses est fort relâchée au Ouadaï. La doctrine des Snoussiens est comme celle des Jésuites, elle s'adresse à un public spécial, à une classe riche et lettrée plus qu'au pauvre ignorant comme l'est le Soudanien ou le Touareg. Le « *Perinde ac cadaver* », le dépouillement complet des biens de ce monde, demande une abnégation qui ne se puise que dans l'exaltation d'un sentiment religieux affiné par une réelle culture intellectuelle. Ce n'est pas le cas. L'Islamisme du Ouadaï est, comme celui de tout le Soudan, fort mitigé et très différent de celui des Barbaresques et des pays d'Orient.

Le fanatisme religieux est une passion à peu près inconnue dans les régions musulmanes du centre africain ; le soulèvement Mahdiste est plus politique que religieux. Il a eu les mêmes causes que celui d'Arabi Pacha dans la basse Egypte, la faiblesse extrême du gouvernement égyptien.

Telles sont les raisons qui me font croire que le Ouadaï est abordable pour nous, même après le désastre de Crampel et la fusillade de Dybowski.

Cet Etat n'a plus, nous le savons, de relations avec les pays civilisés que par Tripoli. Les mahdistes coupent à son commerce les routes de l'Egypte. Sans doute, des pèlerins passent encore, au prix de mille dangers, au travers de ces régions en effervescence, pour se rendre à la Mecque ; mais, outre le but sacré de leur entreprise qui leur assure, en pays musulman, une certaine immunité, ils partent sans aucune ressource, se fiant à Dieu et comptant sur l'hospitalité due à leur titre de pèlerin.

« Comment as-tu pu arriver à Souakim ? » disais-je à l'un d'eux. — « J'étais nu comme un singe, me répondit-il ; qui donc s'occupe d'un singe ? »

Le même homme m'assurait que nous serions bien reçus au Ouadaï. C'était un habitant de l'Adamaoua que j'interrogeais dans son pays. Il avait un esprit très vif, semblait très observateur, : quel intérêt avait-il à me donner un faux renseignement ?

« Pourquoi donc ne te recevrait-on pas, me disait-il, si tu « viens pour acheter et vendre, avec un cœur droit, la jus- « tice dans la bouche et le respect de ce qui est établi ? »

C'est la question que je poserai moi-même à tous ceux qui ne croient pas à la possibilité de pénétrer au Ouadaï.

J'irai donc au Ouadaï.

S'il m'était possible de le faire, je m'abstiendrais de pénétrer dans le Dar Ghounah avant d'avoir vu le Sultan d'El Bacher et de lui avoir porté, comme le ferait un marchand musulman, mes réclamations au sujet de l'assassinat de Crampel et du pillage de sa caravane. Et ce n'est qu'après avoir obtenu des promesses de réparation du dommage et des garanties sérieuses que je pénétrerais dans cette région. C'est ainsi que Barth, notre maître à tous, en usa vis-à-vis du Sultan de Bornou.

Richardson était mort, loin de ses compagnons de voyage, et les marchandises qu'il laissait avaient été pillées. Les plus riches étaient revenues en partage au Sultan et à son vizir.

Et quand, plusieurs mois après, Barth seul, sans ressources, couvert de dettes, arriva dans Kouka, son premier soin fut d'exiger la restitution intégrale de tout ce qu'avait laissé Richardson. Il le fit avec une admirable fermeté qui remplit tout le monde de respect pour lui.

Ces leçons de l'expérience, nous ne devons pas les oublier. Il nous faut respecter toutes les lois. Mais, en tête de toutes les civilisations il est écrit : « Tu ne prendras le bien d'autrui. »

Partout, mais dans ces pays surtout, la faiblesse passe pour de la lâcheté, et la lâcheté déconsidère l'homme.

Par le Bar Ghounah, le Ouadaï draine tout l'ivoire de la région si riche du Dar Banda que le commerce européen ne réussit qu'imparfaitement à détourner vers le Congo.

5° En supposant que le transport par eau sur les fleuves du bassin central se puisse effectuer au même prix que sur le Congo, les prix à comparer sont celui d'une tonne partie du nord du Tchad pour arriver à Biskra et celui du même poids transporté de Brazzaville à la mer.

Dans le second cas, nous savons que le prix du transport de 30 kilog. fait à dos d'homme varie entre 36 et 40 francs, soit entre 1200 et 1330 francs, en moyenne 1260 francs environ. Dans le Sahara, les transports se font à dos de chameau. Chacun de ces animaux prend une charge moyenne de 150 kilogs.

Or nous savons, d'après Barth et Nachtigal, qu'une charge

de sel valant 5 francs à Bilma se vend 150 francs dans le Soudan.

Les droits de circulation dans les divers États musulmans réduisent des deux tiers cette somme. C'est donc pour un bénéfice de moins de 50 francs que le chamelier Touareg voyage huit mois de l'année.

Nous savons de plus que la location d'un chameau pour le voyage de Kouka à Tripoli se paie 3 000 cauries, coquillages servant de monnaie dans tout le Soudan et qui valent 1 fr. 25 le mille. Il n'est donc pas téméraire de prendre comme base d'appréciation des prix de transport, le chiffre de 50 francs. Le voyage du Tchad à Biskra avec une moyenne de 25 kilomètres par jour durera deux mois. Le convoi pourra donc faire son trajet, aller et retour, en quatre ou cinq mois.

La tonne enlevée par 6 ou 7 chameaux coûtera donc entre 300 et 350 fr., soit 325 fr. en moyenne.

Maintenant on me dira sans doute pourquoi dans ces conditions transporter à grands frais, au prix de lourdes difficultés et d'une perte de temps sérieux, tout un matériel par le Congo pour l'installer sur le Haut-Chari, quand il serait moins coûteux et plus rapide de le porter à travers le Sahara que vous croyez ouvert aux Européens, et de lancer le bateau à vapeur sur le Tchad lui-même, d'où il partirait à la conquête commerciale des fleuves ? La raison est simple.

En se présentant par le nord, on peut faire ombrage à bien des intérêts et ne pas obtenir les autorisations de créer les installations nécessaires. En tout cas, cela demanderait des négociations longues et difficiles qu'il vaut mieux éviter.

Ces obstacles n'existent pas dans le sud où on a d'abord affaire à des tribus fétichistes, sans intérêts commerciaux établis, et où la prise de possession du sol nécessaire à un premier établissement ne souffrira aucune difficulté.

Quand le vapeur descendant les fleuves se présentera dans le Tchad, son arrivée sera dès longtemps signalée, notre réputation déjà bien établie par les marchands qui nous auront vu au Baghirmi et au Logone. Les intérêts auront eu le temps de se concerter et nos lettres et nos cadeaux de venir ouvrir tous les yeux sur nos projets et nos moyens.

Avec le fatalisme qui caractérise le musulman, on s'inclinera devant le fait accompli, irrémédiable, et chacun songera à en tirer le meilleur parti.

---

## RÉSULTATS

Le voyage que je me propose de faire n'est pas une simple exploration, c'est la démonstration d'un fait, celui de l'avenir commercial d'une région peu connue et la prise de possession de cette région par le commerce français.

- Le bassin du Tchad, d'une superficie de plus de 2,000,000 de kilomètres carrés, est encore fermé au commerce européen.

A l'est, les Anglais, qui par trois fois ont essayé de s'établir au Bornou, en ont été chassés, alors que notre compatriote Monteil y a été très bien accueilli et que Méry, qui s'y rend en commerçant, y est impatiemment attendu.

Mizon, Maistre, de Brazza, Ponel ont fermé l'accès du Tchad aux Allemands du Cameroun. Nul ne peut prétendre nous devancer dans l'est vers le Ouaïda ; enfin par l'Algérie et le Congo nous possédons les versants nord et sud de ce bassin.

Par le Congo et le Sahara nous tenons les deux débouchés pratiques. Il ne s'agit donc que de créer avant toute autre nation des comptoirs dans cette région pour en monopoliser à notre profit tout le commerce.

Mon entreprise est une entreprise d'avenir, et si j'établis le seul budget de mon voyage du Congo à la Méditerranée, je dois faire remarquer que les voyages subséquents, bénéficiant des transports de personnel et de matériel faits pour le premier, donneront des résultats bien plus avantageux.

Ce premier voyage durerait deux ans.

### PERSONNEL

| | |
|---|---:|
| 1 Chef (mémoire). . . . . . . . . . . . . | |
| 1 Second. . . . . . . . . . . . . . . . | 6000 |
| 1 Mécanicien monteur. . . . . . . . . . | 4000 |
| 3 Chefs de Poste à 2000 fr. par an. . . . . . | 12000 |
| 2 Forgerons noirs à 60 fr. par mois. . . . . . | 2880 |
| 140 Porteurs Kroumans et Haoussa à 25 fr. par mois payables par moitié en marchandises. (Engagés pour la durée des transports, soit 1 an). . . . . . . | 25000 |
| 60 Haoussa à 40 fr. pendant 2 ans, personnel de factorerie et équipages en bateau à vapeur, payables par moitié en marchandises. . . . . . . . . . . . | 20000 |
| Total. . . . | 69880 |

### MATÉRIEL

| | |
|---|---:|
| 1 Bateau à vapeur démonté à quai à Loango. . . . | 25000 |
| Marchandises réparties en 400 charges, d'une valeur moyenne de 1000 fr. . . . . . . . . . . | 40000 |
| Total. . . . | 65000 |

### TRANSPORTS

| | |
|---|---:|
| Transports des marchandises. Bord et chemin de fer. . . | 2000 |
| — du personnel européen par mer. . . . . | 5000 |
| — — noir à Loango, 200 hommes à 100 fr. . . . . . . . . . | 20000 |
| Retour du personnel. . . . . . . . . . . . | 20000 |
| Transport de Loango à Brazzaville, 200 charges par nos porteurs (mémoire). . . . . . . . . . . | |
| 200 charges marchandes par les Loangos 6 × 1320 . . | 7920 |
| 100 — bateau démonté 3 × 1320. . . . . . | 3960 |
| Transport du matériel et du personnel de Brazzaville à la Kémo. . . . . . . . . . . . . . . . | 2000 |
| Transport des marchandises acquises, 20 tonnes × 7 × 50. | 7000 |
| Total. . . . | 85880 |

### RÉCAPITULATION

| | |
|---|---:|
| Personnel. . . . . . . . . . . . . . . | 69880 |
| Matériel. . . . . . . . . . . . . . . | 65000 |
| Transports. . . . . . . . . . . . . . | 85880 |
| Total. . . . | 220760 |
| Imprévu. . . . . . . . . . . . . . . | 29240 |
| Total général. . . . | 250000 |
| Valeur marchande de 20 tonnes d'ivoire à 15000 fr. la tonne. | 300000 |
| Différence. . . . | 50000 |

Soit un bénéfice de 20 %.

Des dépenses ci-dessus énumérées les unes sont immédiates, comme l'achat du matériel et les transports jusqu'à la Kemio, les autres ne doivent être soldées qu'en fin de campagne, tels sont les frais de solde du personnel et son rapatriement, le transport des marchandises acquises.

Les premières se décomposent ainsi :

| | |
|---|---:|
| Avances au personnel européen $\frac{1}{12}$ de la solde. . . . | 6000 |
| — au personnel noir (1 mois de gages). . . . | 6000 |
| Achat de matériel. . . . . . . . . . . . | 65000 |
| Transport. . . . . . . . . . . . . . . | 60000 |
| Imprévu. . . . . . . . . . . . . . . | 13000 |
| | 150000 |

Les autres dépenses seront couvertes par le prix des marchandises acquises au cours de voyage.

Je prévois l'achat de 20 tonnes d'ivoire, chiffre minime, étant donné la durée du séjour et le stock reconnu dans mon récent voyage, mais suffisant pour équilibrer largement les dépenses et donner un bénéfice assez rémunérateur pour encourager à poursuivre l'entreprise et à étendre les opérations.

En procédant sans précipitation, sans violence, par la seule persuasion, j'ai la confiance de réussir sans dépasser les prévisions établies plus haut.

Je compte beaucoup, en étudiant ce projet de voyage, sur les progrès faits dans le Sahara par l'influence française et sur les résultats que sauront bien acquérir les hommes dévoués qui veulent comme moi prouver que l'Afrique entière reste ouverte aux entreprises pacifiques et commerciales.

*Paris, le 1er août 1893.*

FERDINAND DE BÉHAGLE.

N. B. — Monsieur de Béhagle répondra à toutes demandes de renseignements qui lui seront adressées, 7, rue La Bruyère, à Paris.

Poitiers. — Typ. Oudin et Cie.

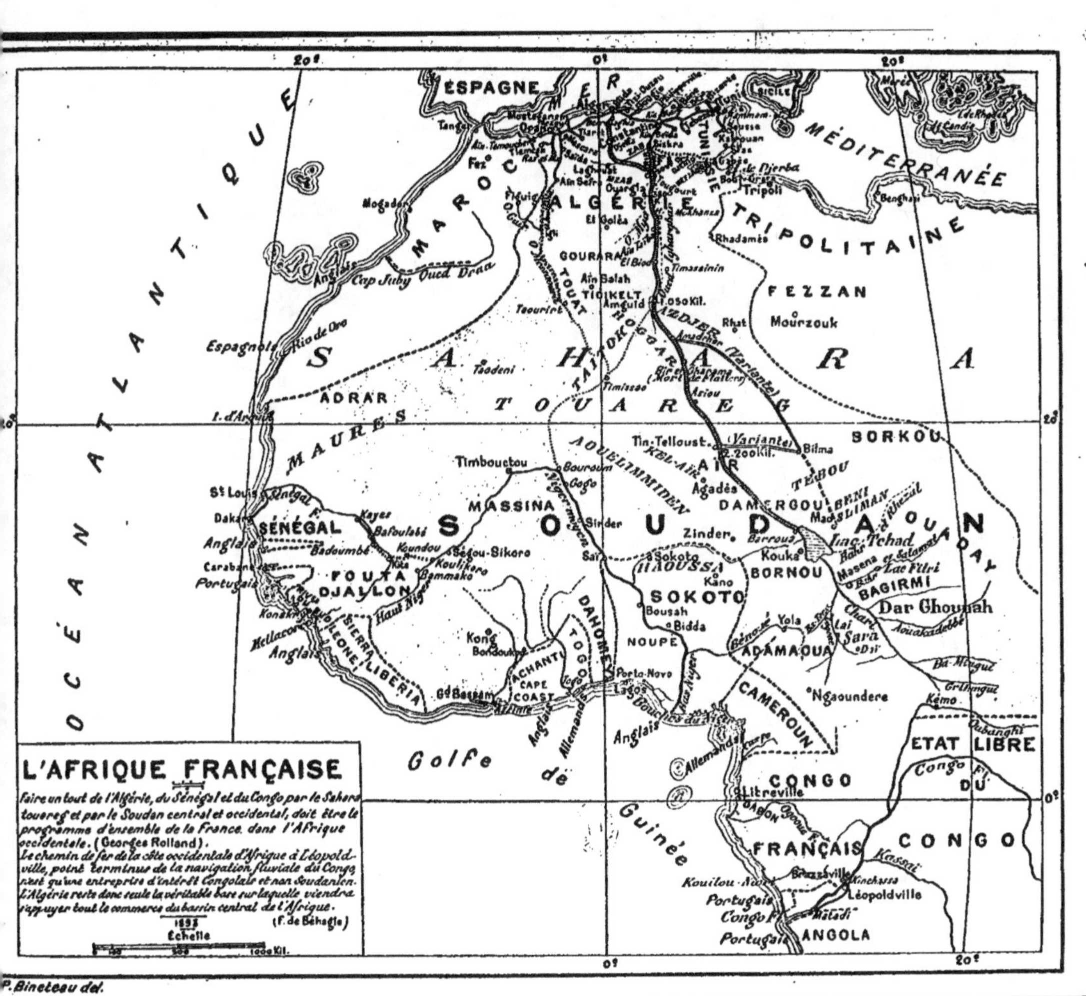
ESPAGNE
MÉDITERRANÉE
MER
TUNISIE
TRIPOLITAINE
MAROC
ALGÉRIE
Tanger
Fez
Mogador
Anglais
Cap Juby
Oued Draa
Espagnole
Rio de Oro
S A H A R A
El Goléa
GOURARA
Aïn Salah
TIDIKELT
TOUAT
Touat
Taoudeni
FEZZAN
Mourzouk
Rhadamès
Tripoli
Benghazi
ADRAR
MAURES
TOUAREG
I. d'Arguin
St Louis
Sénégal
Dakar
SÉNÉGAL
Anglais
Kayes
Bafoulabé
Badoumbé
Koundou
Timbouctou
Bourem
MASSINA
AOUELLIMMIDEN
AIR
Agadès
Tin-Telloust
Bilma
SORKOU
TEBOU
S O U D A N
Zinder
Sokoto
Kano
HAOUSSA
SOKOTO
BORNOU
Lac Tchad
DAMERGOU
BENI SLIMAN
BAGIRMI
Dar Chouah
OUADAY
Carabane
Portugais
Konakry
FOUTA DJALLON
Haut Nig
SIERRA LEONE
LIBERIA
Anglais
Kong
Bondoukou
Gd Bassam
ASHANTI
CAPE COAST
TOGO
DAHOMEY
Porto-Novo
Lagos
NOUPE
Bousah
Bidda
ADAMAOUA
Yola
Lai
Sara
CAMEROUN
Ngaoundere
Anglais
Allemand
Golfe
de
Guinée
Bouches du Niger
ÉTAT LIBRE
CONGO
DU
Libreville
GABON
CONGO
FRANÇAIS
Brazzaville
Kinchassa
Léopoldville
Kouilou-Niari
Portugais
Congo
Portugais
ANGOLA
O C É A N   A T L A N T I Q U E
P. Bineteau del.

L'AFRIQUE FRANÇAISE
Faire un tout de l'Algérie, du Sénégal et du Congo par le Sahara
touareg et par le Soudan central et occidental, doit être le
programme d'ensemble de la France, dans l'Afrique
occidentale. (Georges Rolland).
Le chemin de fer de la côte occidentale d'Afrique à Léopoldville, point terminus de la navigation fluviale du Congo,
n'est qu'une entreprise d'intérêt Congolais et non Soudanien.
L'Algérie reste donc seule la véritable base sur laquelle viendra
s'appuyer tout le commerce du bassin central de l'Afrique.
(F. de Béhagle)
1893
Echelle
1000 Kil.